聴くだけで心と体が整う
レイキヒーリング
CDブック

レイキカウンセラー
矢尾こと葉

フォレスト出版

はじめに

こんにちは。矢尾こと葉です。たくさんの本の中から本書を手にとってくださってありがとうございます。

早速ですが、質問です。あなたはどんな人間になりたいですか?

どんな生き方ができればベストだと思いますか?

世界を見渡すと、あちこちの国で紛争が起こり、不安定な情勢が続いています。個人的な状況に目を向けても、健康や仕事、お金、子育て、人間関係の問題など、不安や心配を数えあげればきりがありません。このような毎日では、夢や希望を持つことすら難しいと思っている人もいらっしゃるかもしれません。

でも、少し想像してみてほしいのです。

あなたを心から愛してくれる人がそばにいて、あなたもその人や家族を心から愛しているとしたら……。

あなたには信頼できる友達や仲間もいて、自分が持っている独自の才能を十分発揮でき、それが人の役に立って、喜ばれ、賞讃されているとしたら……。

いつも心は情熱と好奇心がいっぱいで、仮に逆境にあったとしても、前向きに立ち向かうことができ、希望を失わずに前進できる自分がいるとしたら……。

もしそんな自分がいたら、いつだって心強いですよね。何が来たって大丈夫。誰しもそういう自分でありたいと、望むのではないでしょうか。

「レイキ」とは、あなたがそうした「なりたい自分」になるために役に立ってくれるエネルギーであり、技術です。

レイキと聞くと、特別な人だけが持っている不思議な力のように思っている人もいるかもしれませんが、実はそうではありません。不安な時に、そっと人に背中をさすってもらうと安心して楽になったりしますよね。その癒しの力こそ「レイキ」の本質です。レイキは本来、誰もが生まれつき持っている魔法のエネルギーなのです。

たとえば、レイキを専門的に学んで「レイキヒーラー」にならなかったとしても、コツをつかむとだんだんと実感できるようになります。

レイキは癒しの力のほかにも、浄化の力や、夢を叶える力など、さまざまなパワーを秘めています。レイキを生活の中に取り入れることで、あなたの心と体は本来あるべき状態に整えられていきます。

また、他人や周囲の環境の変化に翻弄されることが減り、過剰に怒ったり、恨んだり、悲観したりすることもなく、内側からわき出る愛情によって突き動かされて行動し、いつのまにか自分らしく楽しく生をまっとうすることができるようになるでしょう。もちろん、そんなあなたには、人もお金も付いてきます。

この本には、読者のあなたの幸せと世界の平和を願うレイキヒーラーたちによってレイキを込めたCDが付いています。

このCD音源によってあなたの心と体を元気にすると同時に、あなたの中に眠っている不思議なパワーも一緒に開花させていきましょう。

ぜひ、宇宙からのプレゼントを受け取ってください！

矢尾こと葉

『聴くだけで心と体が整う
レイキヒーリングCDブック』
もくじ

ブックデザイン …… 細山田光宣＋室田潤（細山田デザイン事務所）
イラスト …… ヤマグチカヨ
執筆協力 …… 林美穂
DTP …… 高橋サトコ
校正 …… 鷗来堂
作曲・CD音源制作 …… resonances in silence

Chapter 1

レイキヒーリングとは？

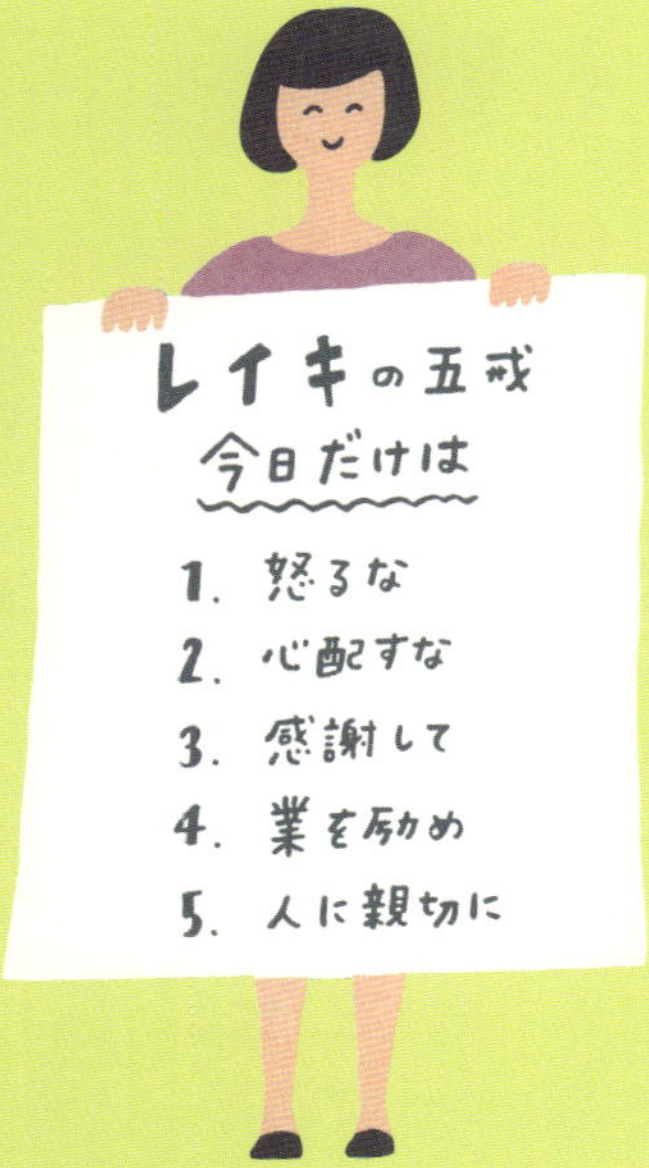

日本で生まれて世界中へ広がったレイキ

レイキは一言でいうと、**すべてのものを存在させている、万物を生かしてくれる宇宙の根源的なエネルギー**のことです。中国ではQ・i（気）、インドではプラーナ、ハワイではマナと言ったりします。

「何かに生かされている」と感じる時の「何か」と言ってもよく、信仰のある人だったらそれを神様と呼ぶかもしれませんし、スピリチュアルパワーとか、サムシンググレイトと呼ぶ人もいるかもしれません。レイキの世界ではシンプルに宇宙エネルギー、またはレイキ（霊気）と呼んでいます。

人間や動物や植物にはもちろん、本や机といった無機質なものも宇宙エネルギーが流れていると考えます。

そして、治療法としてのレイキは、大正時代に日本で始まりました。臼《うす》井甕男《いみかお》先生という岐阜県生まれの方が創始者です。臼井先生が京都の鞍馬山で21日間の断食修行をしたところ、宇宙から自分に光が降りてくる体験をし、このとき宇宙からレイキを〝感得〟したと言われています。

その体験の中で臼井先生の心に刻まれたメッセージが、「神即我也《かみそくわれなり》、我《われ》

万物を生かす宇宙の根源エネルギー
＝
レイキ

即神也《そくかみなり》」でした。「神（宇宙）は私自身であり、私自身は神（宇宙）そのものである」という意味です。一種の悟りですね。

その直後、臼井先生は山の急斜面で転んで足の爪を剥ぐケガを負ってしまうのですが、かばって無意識に手を当てたところ、みるみる治癒したのだそうです。自分は宇宙からヒーリングパワーを授かったのだと理解し、直ちに東京に戻ると、世の中の人を助けようと治療院を始めたと言います。**臼井先生やお弟子さんたちによって民間に広まったレイキは、当時、約百万人以上の信奉者がいたと言われています。**しかし、終戦後の日本に西洋医学が本格的に入ってくると、レイキをはじめとする民間療法は続けにくくなり、下火になっていきました。

一方で、レイキの技術はハワイへと渡ります。高田はわよさんという日系2世の女性が臼井先生のお弟子さんである林忠治郎先生の治療院でレイキの手当てを受け、余命宣告されていたガンが改善。それで自らレイキの技術を学び、ハワイに帰るとレイキティーチャーを育成したのです。

やがて、そのレイキティーチャーたちは、アメリカ本土をはじめ、世界で活躍しはじめます。**その結果、レイキは日本よりもずっと海外での知名度が高くなり、現在アメリカではレイキは医療のひとつとして多くの病院**

に採用されています。

権威ある医師が、手術チームの中にレイキヒーラーを入れて患者さんに手術中レイキを施すというケースもありますし、院内でボランティアによるレイキヒーリングを受けることができる所もあります。

そうすることで、患者さんの治りが早くなったり、手術の緊張を和らげたり、痛みを緩和したりする効果があると認められているからです（イギリスでは保険治療の対象にもなっています）。

レイキは宇宙と波動を合わせる技術

レイキを専門的に学んでレイキヒーラーになると、師匠から4つのシンボルとマントラを授かります。

シンボルというのは型霊《かただま》で、指で空に描く図形のようなものです。マントラは真言宗の真言に当たる言葉で、言霊《ことだま》のことです。宇宙エネルギーが通うパイプとなるべくレイキを体に通してもらった後に授かるもので、このプロセスをレイキ伝授（アチューメント）と言います。**自分自身がきれ**

いなパイプになったうえで、シンボルやマントラを使うことで、宇宙エネルギーの最も高い波動と共鳴・共振しやすくなります。するとすぐにレイキが手から出てくるわけです。ミラクルですね。

シンボルとマントラを使うことで、瞬間的に宇宙エネルギーと直結できるようになるのですが、日常の心の在り方や行動によってはパイプが詰まり、レイキが流れにくくなってしまいます。

そうならないためにも、レイキヒーラーへの生活指針として臼井先生が残したものに**「招福の秘法 レイキの五戒（左図）」**があります。

私は日常でこの言葉を思いだすと「アイタタタ……」となりつつも、「今日だけなら」と、やる気になってきます。健康で幸せに暮らすために、気づきをもたらしてくれる言葉ではないでしょうか。

手を通して、宇宙エネルギーが出てくるというレイキのハンドヒーリングの技術は、臼井先生により考案されたものですが、その実、手による癒しの歴史は太古から世界各地にあり、石器時代の壁画にも残っています。

体の中でも、「手」は、伝統的にさまざまな文化の中で神聖なものとされてきました。昔から**「手は神の通り道」**という言葉があり、清らかなエネルギーが通りやすい場所とされてきたのです。

レイキの五戒
今日だけは
1. 怒るな
2. 心配すな
3. 感謝して
4. 業を励め
5. 人に親切に

どうでしょう？　そう聞くとちょっとワクワクしませんか？

この本の付属ＣＤと紹介する方法を使うと、**たとえシンボルとマントラを授かっていなくても、自分で宇宙のエネルギーとつながり、自分の手から宇宙エネルギーが出ることを実感できる可能性大です。**

気が整うとすべてがうまくいく！

宇宙エネルギーとは最も清らかで精妙で、純粋なエネルギーです。レイキの世界では、**宇宙エネルギーの本質は「愛」そのもの**ととらえています。「すべてのものを存在させている根源的なエネルギー」だとお伝えしましたが、今ここに存在できているからこそ、私たちはさまざまなことを学べたり、体験できたりします。存在していること自体が無条件かつ全肯定の愛なしでは叶えられないことなのです。

そんな愛そのものであるレイキを日常で使い始めると、人生のすべてが整っていきます。

精神面では、ふだんから安心感に包まれるようになって安定し、やる気やモチベーションが維持できるようになったり、満たされて守られている感覚を覚えるようになったり。以前より自分が優しく寛容になり、愛情深くなれたと実感する方が多いです。

情緒面では、落ち込みにくくなり、自分で感情のコントロールをしやすくなった、イライラや不安が減って嫌いな人のことが許せるようになった、苦手な人の影響を受けにくくなり、自分の芯がしっかりしてきたという声はよく聞かれます。

肉体面では、肌がツヤツヤになるなど、見た目が若々しく変化する人が多く驚きます。また、持病が改善・快復したり、基礎体温が1度上がったり、花粉症が出なくなったといった話をたくさん聞きます。

ほかにも、行きたかったコンサートのチケットが当たったというようなプチラッキー的なことから、念願の仕事ができる会社に転職できたとか、一番のストレスだった人間関係の悩みが解消されたというようなうれしいご報告も後を絶ちません。

もともと人間は宇宙の無限の愛の一部。どんな人も本当は大きな愛を持つ存在です。その愛情で自分を大切にして信頼し、周りの人たちにも同様の大きな愛を持ってお付き合いできたら、人間関係はうまくいって当然ですよね。

人が周りに対して自分を閉じてしまうのは、多くの場合、過去に傷ついた経験があるからです。レイキの愛の力によって、その傷ついた部分が癒されていくと、だんだんと自分を守っていたガチガチの鎧《よろい》が外れていきます。すると、気の巡りがよくなり、本来持っていた才能が開き、使命に気づき、その人らしい魅力が内側から輝きはじめるのです。

まずは「センタリング」と「グラウンディング」

では早速、これからお伝えするイメージングや呼吸法を身につけて、レイキによるセルフヒーリングを行っていきましょう。そのために欠かせないものが、**「センタリング」**と**「グラウンディング」**です。

センタリングとは、自分の中心と宇宙の中心をひとつにする意識と感覚です。対して、グラウンディングは自分と大地、地球がつながっている意識と感覚。両方合わせて、天と地につながるきれいなパイプの状態になります。

とはいえ、宇宙とはどんなものか、大地とつながるとはどういうことか、よくわからないよという人もいらっしゃると思いますので、わかりやすくイメージを使っていきましょう。

センタリングは、頭頂から細い糸を上のほうに伸ばし、その先端が宇宙の源に届き、そこからまぶしく優しい、穏やかで愛にあふれた高波動の光のエネルギーが自分に降りてきているイメージをします。

グラウンディングは、自分が大木になったイメージを。自分の根を地球の内部に下ろし、はりめぐらせます。そして根っこの先から自分に不要なものはぜんぶ地球に吸い取ってもらいます。代わりに、地球の力強い大地のエネルギーが

自分に入ってくるイメージをしてみましょう。

こうすることで、常に天（宇宙）と地（地球）とつながったパイプの状態になるのです。センタリングとグラウンディングがしっかりできると、非常にエネルギーが循環しやすくなります。宇宙エネルギーが流れ込むだけでなく、それを大地に降ろし、大地からも物質的エネルギー、つまりこの3次元の地上で生きる力を取り込むことができます。

うまくいくと、頭寒足熱で体が温かくなり、どっしりとしたような感じがして、足裏が床に吸いつくように感じられます。体が安定した感覚を覚える人もいます。心は穏やかで、静けさを感じます。頭の中は空っぽで、特別な考えにとらわれることがありません。すっきりとし、状況に応じてすぐに動き出せるようになります。

慣れないうちは、付録CDを使いながらトライしてください。

光の呼吸で「レイキハンド」をつくる

レイキをはじめる時の姿勢は、椅子に座っていても立っていても、足の裏がしっかり床や地面に触れている状態をつくりましょう。

骨盤は座面（立っていれば地面）に対して平行になるようにします。

背骨は尾てい骨から上にまっすぐひとつずつ積み上げていくように。首も同様に背骨の延長線上に、ゆるやかに骨を積み上げていくようにします。

肩は巻き肩になりがちなので、3回くらい肩の上げ下げをして力を抜き、肩の先が耳より後ろにくるように。デコルテが開いたようになり、左右の肩甲骨が寄った感覚があればベストです。

手は丹田《たんでん》（おへそから指3本分下の位置）に重ねておきます。丹田は湖のようにエネルギーがたまるスポットで、意識するとよい場所です。

姿勢ができたら、**「光の呼吸」**をしてみましょう。**光の呼吸は、まぶしく温かい、愛にあふれた光のエネルギーを頭頂からどどーんと取り入れる呼吸法です。**

まず、口を薄く開いて呼気《こき》が下にたらたらたらと漏れ出るように吐きます（力を抜いていく感じです）。できれば7〜8秒かけて吐きましょう。

吸う時は鼻と頭のてっぺんから。まぶしく愛にあふれた光のエネルギーが頭頂から入ってくるイメージで、清らかなエネルギーだけを取り込み、丹田まで満たすようにします。こちらも7〜8秒かけて吸いましょう。

これを3回くらい繰り返し、古いものをたくさん吐いて、きれいなエネルギーをたくさん吸ったなと思えたら、自然な呼吸に戻してOK。

この光の呼吸の延長で、**レイキハンド**をつくりましょう。自分でセルフヒーリングをする時も、人にヒーリングをする時も、このレイキハンドの手を当てることになります。

やり方は簡単。胸より少し高い位置で合掌します。そして光の呼吸を続けます。だんだん心が温かくなってきて、手そのものが温かくなるまで続けます（手があまりにも冷たい時は、手をこすり合わせて少し温めてからはじめてください）。

そして**「ありがとうございます」という言葉を、小声で5回ゆっくり優しく丁寧に唱えます。**「ありがとうございます」という言葉は宇宙エネルギーとつないでくれるひとつのきっかけになるのですが、これがレイキヒーラーが使うシンボルやマントラの代わりの役割を果たしてくれます。

コツは「ありがとうございます」と唱えたら、その音の余韻が全細胞に響き渡るのを感じることです。**手がじんわりと温かく、心が優しく穏やかに感じられるようになったら、レイキハンドの完成です。**

光の呼吸
7~8秒かけて吐く
↓
7~8秒かけて吸う
レイキハンド
「ありがとうございます」
余韻を感じながら
5回ゆっくり唱える

宇宙エネルギーが通るパイプを詰まらせる原因

「ありがとうございます」という言葉を唱えれば唱えるほど、心に感謝が芽生えてきたり、優しい気持ちになってきたりしたらいい感じです。それは、自分が宇宙エネルギーとつながりやすくなった証拠でもあります。

すでにお伝えしたように、宇宙エネルギーの本質は無条件で全肯定の愛。ですから、私たちも**条件付きではなくすべてを肯定する愛の状態に近付くことで、宇宙エネルギーと共鳴・共振しやすくなるのです。**

宇宙の愛のエネルギーを「ありがとうございます」と感謝で受け取る。これがレイキの基本スタンス。愛と感謝のメソッドと言われるゆえんです。

宇宙につながるパイプとしてのよいお手本は、赤ちゃんです。生まれたての赤ちゃんは生命力や自然治癒力にあふれ、とてつもなくピュアな宇宙エネルギーを放出しています。だから、部屋に赤ちゃんがいるだけで、ほんわかとした柔らかく幸せな空間になったり、赤ちゃんを抱っこしたおばあちゃんやおじいちゃんが元気になったりするのですね。

人はみな赤ちゃんだったのですから、そのエネルギー状態が本来の姿。でも、大人になるにつれ、心や体にさまざまな老廃物を溜め込んだ結果、パイプが詰まり、人生の不調となってあらわれているのです。

では、どうするか？　日常生活で、宇宙エネルギーの通り道であるパイプを詰まらせないようにするポイントは2つあります。

1つ目は**我（エゴ）をとること。**私さえよければいいという考えです。

2つ目は、**ネガティブなエネルギーを取り除いていくこと。**恨み、心配、不安などの心を苦しくさせる感情、こうでなければという固く窮屈な思考、体の中に取り入れる過剰な嗜好品、加工食品、薬の過剰摂取といったものは体内に蓄積し、パイプを詰まらせる元になります。

レイキを使って自分をヒーリングしはじめると、人によっては昔飲んでいた薬の臭いが立ちのぼったり、湿疹のような形で古いエネルギーが外に出てくる場合もあります。感情や記憶が浮上し、10年以上前に別れた恋人から受けた悲しい仕打ちを急に思い出したり、ということもあります。

でも大丈夫。不調があらわれた私自身を川にたとえると、キレイな水（レイキ）が流れてきたことによって川底にたまっていたゴミが一時的に浮いてきた状態。そこにキレイな水（レイキ）を流し続けることで、ゴミは流れ去り、心・体・魂全体が根本からきれいにお掃除されていきます。

体や心に蓄積した汚れをレイキによって洗い流せば、どんな人も本来の輝きが表に出てきます。赤ちゃんのようにピュアでパワフルな状態に戻ることができるのです。楽しみですね！

Chapter
2

感情を浄化して整える

自由で穏やかになるハートヒーリング

ハートヒーリングは、レイキでできるヒーリングの中の、基本中の基本です。レイキハンドをつくったら、胸の中心部分に手の平を当てて深い呼吸を続けます。ぜひCDを使ってくださいね。

人の体にはチャクラというエネルギーの通り道があります。伝統的には、頭頂部から会陰《えいん》まで背骨に沿って7つあると言われています。中でも**4番目に当たるハートチャクラは胸のちょうど真ん中にあり、まさに幸せの扉。すべてのチャクラ活性のカギを握る重要なチャクラです。**

チャクラは光の輪のようなもので、回転しながら宇宙エネルギーを取り込んで全身に巡らせたり、体に合うエネルギーへと変換する働きをしています。

それぞれのチャクラには役割があり、ハートチャクラは愛を司っています。でも、何らかの理由によりハートチャクラが萎縮してしまうと、扉が閉じて、エネルギーが巡りにくくなってしまいます。文字通り、「ハートが閉じている」状態です。翻ってハートチャクラがちょうどよく活性化すると、周りの人からの愛情を素直に受け取ることができたり、好きな人にも自然に愛情をあらわすことができたりします。

ハートチャクラが閉じてしまう大きな原因は、小さいころからの傷ついた経験です。

たとえば、誰かに騙されたり裏切られたりして、心に傷を負うと、もう誰も愛せないというように自らハートチャクラを閉ざしてしまいます。

人は他の人とのつながりと衝突の中で成長していきますから、ある程度成長した大人なら、ハートチャクラが全開していることはほぼないかもしれません。でも、本当はみんな愛を全開にしたいのです。

人間関係のつまずきは、ハートのヒーリングをしてねのサイン。

恋愛では人を愛することができない、信じられない……。

仕事では、人に心を開くことができない、信頼関係を築くことができない……。

もしそうなら、怖がらないで、レッツハートヒーリング！

また、「愛する」ことは、他者だけでなく、自己愛にもかかわってきます。もっと自分を大切にしたい……、自信を持ちたい……。それもまたハートチャクラからのSOSサイン。レイキでハートヒーリングをすると、内側から湧いてくる優しさや愛情が、あなたをだんだんと満たしてくれます。

孤独を過剰に感じるのも、ハートチャクラが愛を必要としているからです。ハートを癒すと、たとえ今、家でひとりだとしても、人とちゃんとつながっているし、大きな愛に守ってもらっていると感じるようになり、安心感を得られるようになります。

「ハートが開いている」状態は、周りの人から見てもオープンマインドで親しみやすく、すこぶる魅力的な人に映るものです。

相手や自分を心から許して楽になる

ある一言になぜかカチンときたり、ある人の態度を受け入れられず、急にその人に冷酷な態度をとってしまう……ということはありませんか？**そのような場合、心の奥に深い悲しみや怒りがあって、それが地雷のように埋まったままになっている可能性が考えられます。**心の地雷を踏まれると、誰でも否応なく反応（爆発）してしまいがち。

そんな時こそハートヒーリングは役立ちます。キツいことやひどいことを言われたりすると、その発言をした相手に怒りのエネルギーを向けてしまうものですが、その時に「なぜ私はその発言が受け入れがたいのか」と考えてみます。自分の心の中を覗いていくのです。

具体的には、ハートをレイキでヒーリングしながら、まずは何も考えないで呼吸に集中。胸がざわざわしたり、ぎゅーっとなってリアルに胸の痛みを感じることもあります。涙が流れる時は、それに任せましょう。気持ちが和らぐまで呼吸を続け、ただただハートにレイキを流します。

十分その時間をとって、少し落ち着いてきたら、「この出来事のどこに自分は怒りを感じているのだろう」「あの人の行為のどこに自分は傷ついたのだろう」と、自分の心の奥を探っていきます。

この時に使うとよい言葉が「そういえば」です。「そういえば……」と自分の心を深く掘り下げてみると、「そういえば昔……」と、芋づる式に過去の似たような経験が思い浮かんできます。そして、その先に種イモのような古い幼少期の体験に行き当たることがあるのです。

たとえば、上司にある改善の申し入れをしたら、「それくらい我慢しなさい」と言われ、それに無性に腹が立ったとします。その時、「いやだった」という感情にフォーカスしながらヒーリングしてみます。

すると実は、子どものころ母親と買い物に行ってお菓子をねだると、いつも「我慢しなさい」と言われていたことを思い出しました……。「我慢しなさい」という言葉は、自分がないがしろにされているという気持ちを想起させるということに気づいたりするのです。

「気がついた」という時点でその苦しみの半分くらいは癒せたも同然です。なぜなら、自分自身をやや上の視点から客観的に眺めはじめられるから。

さらに、つらかった時の自分に「いつも我慢してつらかったね」「お菓子を買ってもらってお母さんの愛情を感じたかったんだよね」など、その感情にちゃんと目を向けて、寄り添ってあげるようにします。すると、**その出来事に宇宙の愛が注がれ、長年抱えていた地雷は昇華するのです。**

TODAY
LONG AGO...

「地雷を踏んだ人＝嫌い」から、「気づきをくれて感謝」に変わります。

また、心の地雷の撤去は、うれしくない引き寄せ（繰り返し）をストップすることにもなります。たとえば、昔、男性に裏切られたことへの怒りを心の奥底に抱えているとしたら、その怒りの周波数を今も絶えず自ら発し続けていることになるのです。そしてまた、似たような出来事を引き寄せてしまいます。

「またこんな目にあってしまった」「やっぱりこうなった」

そんな時、「あ、これに関する心の地雷があるんだな」ととらえて、自分のハートを丁寧にレイキヒーリングしてみましょう。

愛があふれて、恋人や夫婦もラブラブに！

幼少期は、どんな人にとっても親は絶対的な存在で、家庭は世界のすべてです。そのために、自分の本当の気持ちを抑えつけて「いい子」を演じ、怒りや悲しみを溜め込んでいる場合が多いのですね。一般的にも語られていることですが、**親子関係は大人になった私たちが体験する人間関係の縮**

図のようなものです。

父親との関係性は、上下関係や、体制、組織、社会などに対して反映されると言われています。高圧的な父親のもとで育つと、何かと会社からの指示に反発を感じやすかったり、男性の上司に対して反抗的になったりしがちです。母親との関係性は、友人、同僚など横のつながりにあらわれやすいと言われています。「私なんて」と自分を卑下してしまう背景には、親に十分に愛されているると感じにくかった生育歴があるかもしれません。

でも大丈夫。

そういう過去があっても乗り越え続けてきたのが今の魅力的なあなた。レイキで自分自身をヒーリングしていくと、その傷は徐々に修復されます。宇宙の無条件の愛をハートに注ぎ続けることで、愛の欠乏感が満たされていくのです。

心のコップに愛が足りないと、「愛がほしい、愛がほしい」と周りに求めてばかりになってしまいますが、**自分で自分のコップを愛で満たすことができれば、自分自身が満ち足りて、自然に自分から愛を与えられるようにもなっていきます。**

実は、夫婦や家族間の問題に限らず、世の中で起こっている問題の根幹はすべて愛情の問題です。「愛されていない」「愛情が足りない」と感じることから、相手を試したり、傷つけたり、困らせたり。子どもが病気になって周りの人に「大事にして」と訴えることもあります。

驚くことに、レイキを使っていると、たとえばＤＶ（ドメスティックバイオレンス）をしていた旦那さんが改心し、自分にすごく尽くしてくれる人になったとか、離婚を考えていた夫婦がラブラブになったりというケースがよくあります。以前は、「ああしてくれない」「こうしてくれない」と相手を不満に思うばかりだったものが、自分のハートを宇宙エネルギーで満たすことで相手の見え方も変わってきた、とのこと。

家庭に問題があると、「家族を何とかしたい」と考えがちですが、相手を変えようとせず、まずは自己ヒーリングをすることが一番の近道です。自分の周りの世界は、自分の内面の投影ととらえてみましょう。もちろん相手をヒーリングすることも効果がありますが、家族を「問題」ととらえている自分の心というものが、先にあるのです。ですから、まずは自分を愛で満たすことが何より大事になってくるのですね。

ここで、他の人にレイキハンドを当ててハートヒーリングをする方法をお伝えしましょう。具体的には、背中の肩甲骨と肩甲骨の間に手を当てるのがおすすめ。ちゃんとレイキが流れると、まるでカイロのように温かです。そして実は、相手と手をつなぐだけでも、ハートを癒すことができます。レイキハンドをつくる時、胸より少し高い位置で合掌の形をとりますが、その時、**手と腕とハートチャクラを通るエネルギーが無限大のマークを描いている**ことにお気づきでしょうか。「手」はハートと直結しているので、手をつなぐことは癒しの力に満ち満ちているのです。

高次元の自分とつながるセルフカウンセリング法

いやなことがあってグルグルしてしまう時におすすめの方法がこちら。3つの自分に順番にアクセスしていきます。

1人目は、**ロウアーセルフ**と言って、動物的で感情的で正直でストレート。愛が感じられないと騒いだり叫んだりして駄々をこねる低次元の自分です。

2人目は**ミドルセルフ**と言って、理性的で大人の対応をしようとする中間管理職のような自分です。

3人目は**ハイアーセルフ**。高次元の自分という意味で、より神様に近い自分です。宇宙の愛にあふれ、生まれてきた目的も、魂の足跡もすべてをわかっている神聖な自分です。

大きな悩みを抱えた時、人はハイアーセルフの声を聞きたいと願います。愛情に根差した決断をしたいし、〝正解〟がほしいから。

でも、そういう時に限ってつながることができません。なぜなら、悩んでいる自分は大抵ネガティブな波動を放っ

ていますから、ハイアーセルフの高い波動とかみ合わないのです。そこで、ハートヒーリングをしながら、3段階のステップを踏んで、ハイアーセルフにコンタクトしていきます。

ステップ①

ハートチャクラに手を当てて目を閉じ、ハートの中に3つのドアがあるのをイメージしてみましょう。最初はロウアーセルフのいるドアを入っていきます。そこで大声で騒ぎ叫んでいるロウアーセルフと向き合います。

自分の内の一人とはいえ、ロウアーセルフの主張に付き合うことに、ほとんどの人は辟易とするはずです。早く次に行きたくなると思いますが、そこで逃げたりせずに、低次元の自分の言い分にとことん付き合ってあげてください。**その言い分に同意する必要はありません。そう思うんだねと根気強いカウンセラーになったつもりで、ただただ聞いてあげることです。**

ロウアーセルフがもう十分言い終わったと感じたら、次のミドルセルフの部屋に行きましょう。

ステップ②

ミドルセルフは、社会の中で波風立てず、常に周囲と協調しあって生きようとしています。ふだんの社会的な自分に一番近い存在です。実は、私たちの中に生まれる葛藤は、「あんな人大っ嫌い」というロウアーセルフの主張に、「そうはいっても○○なんだから」とミドルセルフがなだめ、「だって！」、「もう許そうよ」、「でも」と延々続く両者の言い合いの仲裁に苦しんでいるようなもの。**個別にしっかり耳を傾けると、ミドルセルフの言い分が受け入れられるようになっていきます。**

ステップ③

最後に、ハイアーセルフのドアを開きます。そこで感じる感覚は人それぞれですが、心安らぐビジョンが見えたり、温かく穏やかなエネルギーを感じたり、言葉や声のメッセージを受け取る人もいます。

ハイアーセルフはとても大きな愛の視点ですべてを見ていますから、「大丈夫」「これでいいんだ」「みんな愛なんだな」などと圧倒的な肯定感に包まれる人が多いものです。**ハイアーセルフとつながることができると、現実では、悩みと思っていたことが悩みでなくなったり、自然と解消に向かっていくような変化があらわれます。**

STEP 1
STEP 2
STEP 3

Column 1

エネルギーの矢を抜いて因縁の関係を清算しよう

頭や足が突然チクッと痛くなること、ありませんか？　それは実は思念の矢かもしれません。「あの人、困るなぁ」「Aさんって苦手……」などの思いは、ちょっとしたものでもエネルギーの矢となって刺さってしまいます。

すると、相手からも自分に思念の矢が飛んできます。「あの人、私のことよく思ってないな」と向こうも感じるからです。そうして互いに見えない矢が行き交うことで、そこには太い絆が生まれます。「部署異動したのに、またあの人と一緒だ」とか、「必ず毎朝駅で会う」とか、切っても切れないつながりができてしまうのですね。それを解除するには、双方に刺さっている矢を抜くことです。

相手に対し「ごめんね」と言いながら、実際に手を使って自分が刺した矢を抜く動作をします。回収した矢は宇宙の源に返しましょう。自分のオーラに刺さっている矢は、すっきりするまで何本でも抜くイメージをして、天に返します。頭や肩が軽くなったり、痛みが瞬間的に消えてしまうこともあります。

また、親は子どもを愛していると同時に、「こうなってほしい」という思いが強いあまり、子どもの頭の真ん中に太く深い矢を刺している場合があります。

もし成人になっても親の影響を重く感じていたり、互いに親離れ・子離れができていないと感じるのでしたら、慎重に、自分の意志で親から受けた矢を抜きましょう。親から受けた矢を抜く行為は、本人以外の人にはできないことなのです。

Chapter

3

体を浄化して健康になる

痛みは罪でも罰でもなく「サイン」

病気は誰にとってもいやなものですし、気も弱くなりがちですね。自分の何がいけなかったんだろうと、内省を通り越して罪悪感を持ったり、何かの罰を受けているのではないかと考えたりしてしまうこともあります。

そんな時、「病気の原因は何だろう？」と頭で考えすぎるより、まずは無心でレイキを流して痛みや気になる箇所をヒーリングしてみましょう。

レイキのリラックス効果は世界中に認められるところ。レイキヒーリングで心と体を休ませてあげると、もともと持っている自然治癒力は何倍にも高まります。とくに、ヒーリング後の睡眠は治癒を促す最高のお薬になります。眠気にあらがわず、たっぷり休んでください。

とはいえ、会社を休めないとか、仕事に穴を空けられないと思う人もいるかもしれません。責任感はすばらしいものですが、その思考パターンが体の不調につながっているのかも。「〇〇しなければいけない」という考えからできるだけ自由になって体の声を聴いてみてあげてください。

レイキを流して不調が治るか、治らないかは本人次第です。けれども、

その人にとって最善の運びとなるのがレイキのおもしろくて深いところ。

レイキを流すことで、とてもよい養生法や素晴らしい医師に巡り合って病気が改善したり、手術の日が早まって手遅れにならずに済んだりということもたくさんあります。いろいろな情報や人との出会いといったものも、宇宙のエネルギーの一部なのです。

ですから、「レイキだけでなんとかしよう」「レイキさえしていればよくなる」という考えに、こだわりすぎないことも大事です。

レイキでは痛みや違和感は「気の滞りを知らせてくれるサイン」ととらえます。ヒーリングは体からのメッセージを聴く格好の手段。それに気づいたとたん、不調がみるみる改善してしまう場合もあるのです。

心身が宇宙との調和を取り戻すためには、痛みや違和感のあるところに手を当てながら、以下の3つのことを考えると、気づきを得やすいと言われています。

1つ目は**「愛」**です。最近自分は十分愛を感じていただろうか、愛のある行為から離れていなかっただろうかと考えてみましょう。

2つ目は、**「自然」**です。コンクリートの建物の中で日夜暮らし、太陽の陽も浴びず、季節の変化を感じることもなく過ごしているようなことはないでしょうか。自然のエネルギーをチャージしていますか？

3つ目は**「感謝」**です。本当はありがたいことがたくさんあるのに、感謝の気持ちを持つことから離れていなかったかと振り返ってみましょう。

病気や事故などは、他人からみると一見ネガティブな事柄。でも、より純粋な愛を軸とする生き方への促しや導きだと捉えると、そこから気づきを得て、結果的によい方向に進むことも多くあります。

宇宙の視点で見ると個人の病気やケガは大きなスパンの中で起こっていますから、そのことが最善かどうかすぐにはわかりにくいものです。でも、レイキを使っている中で起こってくることは、最善の方向に導かれているととらえて信頼してみましょう。

スピリチュアルな視点から体の声を聴く

レイキヒーリングをする時は**無心のパイプ**になって、サインを出してくれている体に「感謝」の気持ちで手を当てるのが基本です。

レイキの世界では、**感謝はすべてを癒す**と言われ、ありがたくて号泣するほど感謝がわく時は、奇跡的な治癒やミラクルな出来事が起こると言われています。レイキハンドをつくるときに「ありがとうございます」の言葉を使うのもこのため。

感謝の気持ちには人智を超えるほどのパワーがあるのです。

でも、レイキをして、自分なりに努力や内省もしているのに、なかなか改善しないと焦りや不安も出てきてしまいますね。お伝えしたように、レイキを使う中で起こることは最善の方向に運ばれていくのですが、不調が長引いたりして、なかなかそのように思えない時は、スピリチュアルな視点から自分に質問してみるのはどうでしょうか。

病気やケガをしたためにできなくなったことはないだろうか？

たとえば、手首をケガして物が持てない、パソコンができないとなったら、そのことで、何か自分が得をしていることはないだろうか？

病気になることで誰かに何かを訴えようとしているとしたら？

一例ですが、親が自分を認めてくれないことへの抗議を体で示していたり、会社が自分を労わないことに対し、ウツになることで苦しみを訴えていたり。人間って不思議なもので、肉体の言語として何らかの症状が出る場合があります。

また、その痛みが体のどの部位に出ているのかで、その意味を探ることも可能です。たとえば、人や動物は歯で食物をかみ砕き、血肉としているわけですが、野生動物が獲物に噛みついて仕留めるように、「歯」は攻撃性を潜在的にあらわしている部分でもあります。

私には寝ている間に歯を噛み締める癖があって、そのせいで治療中の奥歯が痛くて仕方がなかったことがありました。湯船に浸かりながら自己ヒーリングをして「なぜ歯が痛むのか」を探ったところ、急に昔の友人への怒りが思い出されてきたのです。その友人のことを許していなかったのですね。それに気づいたとたん、ふっと奥歯の力が抜けて、痛みが軽減し、その後の治療もあっという間に終わってしまった経験があります。

あくまで参考程度ですが、足の不調には人生の「歩み」に関する問題が、喉の不調には「コミュニケーション」に関しての懸念があるかもしれません。頭痛持ちだとしたら、自分にとってマイナスになることを考えすぎているのかも。目の不調は、何か目を背けたいことがあったり、耳の不調は、これ以上聞きたくないという思いのあらわれなのかもしれません。

これについては参考になる本がたくさん出ているので、興味がある方はひもといてみてくださいね。

歯の不調
足の不調
喉の不調
頭の不調
目の不調
耳の不調

元気になるアファメーションと手当て

自分をヒーリングする時は、「私の体、いつもがんばってくれてありがとう」と感謝の気持ちだけでヒーリングするのも効果的ですが、さらに肯定的な言葉をプラスしてヒーリングをすることもできます。

アファメーション（肯定宣言）を取り入れる方法です。

アファメーションとは、そうなってほしいことを肯定的な宣言文にして唱えることです。たとえば、火傷の傷跡が残らずきれいに治癒してほしかったら、**「この皮膚はみるみる治癒して、真っ白な肌になります。ありがとうございます」**というふうに手当てをしながら、唱えてみます。

実はアファメーションとレイキの手当てを組み合わせると、ダブルかそれ以上の効果的な願望実現法になります。

というのも、レイキを使っている時の意識の状態は、寝ている時と起きている時の間、ちょうど寝入りばなの状態に近いです。そのような深いリラックス状態にある時、私たちの意識は潜在意識が優位になっています。

ですから、**レイキで手当てをしながらアファメーションをすることは、願**

望をよりスムーズに潜在意識に届けることができる方法なのです。潜在意識に届いた願望はスピーディに現実化します。

寝る前に布団の中で、不調を感じる場所に触れながら、アファメーションをしてそのまま眠りにつくのもいいですし、入浴中のリラックスタイムに、気になるところに手を当てながら、アファメーションをするのもおすすめの方法です。

レイキで手当てをしていると、手が繊細にエネルギーを察知するようになって、不調の箇所だけビリビリと響くものを感じたり、熱く感じたり、逆に冷たいと違和感を覚えるようになる人もいます。

その独特な違和感を「病腺」とも言いますが、自分に手当てを続けることで、腫瘍を早期発見するなど、予防的な感覚が鋭くなる人もいます。手当てとアファメーションの相乗効果で心身を健康に導く方向づけができるのです。

アファメーションは、こうしなくてはいけないという決まりはありませんが、素直に信じられないほど極端なものではなく、唱えたときに自分が前向きになれるものがよいでしょう。

心と体を整えるアファメーションの例
私はいつも本当によくやっています
私の〇〇は
治癒し続けています
よくなるのは
時間の問題です
私は私が大好きです
私は健康
そのものです

楽しみながら健康になるチャクラの知識

エネルギーセンターである7つのチャクラの場所や、それぞれの役割を知っていると、楽しみながら自分の心や体を整えていくことができます。

不調を感じる場所がどこにあり、どのチャクラに働きかければよいかがわかると、手当てもしやすくなりますよ！

第1チャクラ（対応する色：赤）

場所：尾骨部、会陰部

肉体面の関連：冷え性、性器、婦人科系、前立腺、脚全体、不眠など

テーマ：健康、生命力、物質的豊かさ、お金、仕事、やる気

第2チャクラ（対応する色：オレンジ）

場所：丹田（おへそから指3本分下）

肉体面の関連：副腎、腸、子宮、呼吸など

テーマ：自信、成功、使命、創造力、明るさ、性的魅力

第3チャクラ（対応する色：黄色）

場所：太陽神経叢《たいようしんけいそう》（みぞおち）

肉体面の関連：胃、脾臓、アレルギー、花粉症、自律神経系、ストレス

テーマ：感情の起伏、意志、本能的な勘、無邪気さ

第4チャクラ（対応する色：緑とピンク）

場所：胸の中央

肉体面の関連：心臓、胸腺

テーマ：愛、癒し、自己受容、共感、パートナーシップ、霊的成長

第5チャクラ（対応する色：明るい青）

場所：喉

肉体面の関連：甲状腺、喉、首、肩

『聴くだけで心と体が整うレイキヒーリングCDブック』

FREE

購入者限定
特別プレゼント

ここでしか手に入らない貴重なコンテンツです。

【特典1】

感情を浄化して
女性性を解放する
ボーナストラック

(聴き方など詳しくは本書82ページ参照)

【特典2】

空欄を埋めるだけで願望が実現する
幸せの預言書PDF

をプレゼント!

この特典は本書をご購入いただいた読者限定です。

※音声ファイル・PDFファイルはweb上で公開するものであり、
CD・DVD・冊子などをお送りするものではありません。

※上記特別プレゼントのご提供は予告なく終了となる場合がございます。あらかじめご了承ください。

購入者限定特別プレゼントを入手するにはこちらへアクセスしてください

http://frstp.jp/reiki

テーマ：自己表現、コミュニケーション、意見の主張、人間関係

第6チャクラ（対応する色：紺・コバルトブルー・藍色）

場所：眉間

肉体面の関連：脳下垂体、目

テーマ：願望実現、心眼、イメージ力、サイキック能力、洞察力、予知

第7チャクラ（対応する色：紫）

場所：頭頂部

肉体面の関連：頭、頭皮、松果体

テーマ：直観力、宇宙とのつながり、悟り、ひらめき、奉仕

たとえば肩が重くてつらいという場合は、直接肩に手を当ててヒーリングをするだけでなく、肩との関連が考えられる喉の第5チャクラをヒーリングすると効果的。首を両手で包むようにして、ゆっくり呼吸しましょう。「そういえば職場で言いたいことが言えてないかも。愛を持って話してみよう」なんて気づきが得られることがありますよ。

Column 2

ご先祖さま由来のカルマを乗り越える方法

誰もが先祖から徳とカルマ（課題）の両方を受け継いでいます。たとえばおじいさんが家族をとても愛し、周りの人を助ける優しい人だったとすると、その徳を受け継いだ子孫は愛嬌があり、人から助けてもらうことが多かったりします。

一方で思考や感情の癖や病気はカルマとして受け継ぐことがあります。子孫も先祖と同じ病気に同じ年齢でかかったり、先祖と同じ持病をもっていたり。

カルマは「悪いもの」と思われがちですが、背負うものがない人間はいません。その苦難を乗り越えて愛ある生き方をするために引き継がれているととらえてみましょう。たとえば不倫の果てに離婚し、家族を苦しめてしまったまま亡くなった先祖がいたら、自分や親族にも離婚の危機が起きやすいというのがカルマです。でもそれが繰り返しのパターンだと知っていれば、もし自分に同じような状況が起こったとしても、家族とやり直すことを選び、家族を幸せにすることで、そのカルマはあなたの代で終わります。繰り返しのパターンを愛で乗り越えることで、より大きな豊かさや祝福を手にすることができるのです。

レイキヒーラーになると、ご先祖からの影響を重荷から味方に変えるご先祖ヒーリングをすることができます。たとえば、自殺をした先祖がいたとします。その人は霊的な世界で暗くさびしい場所にいるかもしれません。でも、レイキはどんなに暗い場所でも、スポットライトのように届きます。ご先祖を思ってヒーリングするとその先祖の波動が上がり、霊的な世界の中でより居心地のよい場所へとステップアップすることができるのです。

Chapter 4

レイキヒーリングで願いを引き寄せる

願望実現にぴったりの
コズミックプラグヒーリング

レイキは願望成就の引き寄せにも、もってこいです。

本章では3つの方法をお伝えします。まずは、**コズミックプラグヒーリング。潜在意識に働きかけると言われる脳の松果体に当たる部分へレイキを送りながら、イメージで願望を引き寄せる方法**です。

【やり方】

❶両手で眉間と後頭部のくぼみ（盆の窪）を前後から挟むようにします。

❷頭の中で眉間と盆の窪を前後につなぐ線をイメージします。次に右の耳の鼓膜と左の耳の鼓膜が左右につながる線をイメージします。その前後左右の線が脳内でクロスするポイントである「コズミックプラグ」にレイキを流します。

❸コズミックプラグにレイキを流しながら、願望がすでに叶っているイメ

STEP 1
STEP 2
コズミックプラグ
STEP 3

ージをします。

たとえば南の島に移住して悠々自適に暮らしたいという願望があるのなら、すでに南の島で青い海や空に囲まれて、自分が「気持ちいい！」「本当に移住してよかった！」と感じているその感情を味わいながら、ありありとそのビジョンをイメージします。
④最後にアファメーションです。
「おかげさまでこんなに素晴らしい生活をしています。ありがとうございます」など、ここでもすでに叶っているように宣言します（感情、ビジョン、アファメーションの3セットと覚えましょう）。

それですぐにドンドン想像が広がるならそれでOK。**具体的な望みが浮かばない時の最強のアファメーションは「すべてうまくいきます」**です。ビジョンをイメージすることが苦手な人にもおすすめです。その言葉で心が安心すると、安心する出来事を引き寄せます。自分がいかにポジティブなイメージを思い描くかが大切です。

また、私たちは、頭で「こうなることが幸せだよね」と考えて、それが願いと思い込んでいる場合もあります。そういった本心ではないウソの願いごとは、いくらイメージをしても、なかなか実現しません。

自分の願望が本当の願いかどうかは、「その願いが叶ったら」と考えた時、笑顔になれるかどうかです。自然に口角が上がってこない時は、頭で作った願いごとではないか、自分にとって本当の幸せは何か、もう一度考えてみるとよいでしょう。

願いを叶えたいと思っているのに、それとは裏腹に私たちはそれが失敗した時のことや、心配や不安ばかりを想像してしまうところがありますが、それは逆効果。

思考が不安や心配のループに入ってしまいそうだと感じたら、パンッと両手で柏手を打つことで、負の引き寄せをストップすることができます。いやな感情や、いらない思考にとらわれそうになったら、いつでも柏手を打って仕切り直しましょう。

「幸せの預言書」で夢を叶える

多くのレイキヒーラーさんが夢を叶えている**「幸せの預言書」**というものがあります。これは私が考案したもので、未来のイメージが浮かびにくい人も、空欄を埋めていくことで、簡単につくれてしまいます。

ぜひ、わくわくしながら書いてみてくださいね。

（3）年後の**（20××）**年、私は**（夫や大切な人たち）**と**（毎日笑ったり、遊んだり、話したりして、あっというまに日が暮れるよう）**な生活をしています。住んでいるのは、**（眺望抜群で心地のよい家や別荘やホテル）**で、**（自由でクリエイティブ）**な気持ちになる場所です。

心はいつも**（ありがたいなあ）**とか、**（今日はどんな楽しいことをして過ごそうか）**というような気持ちで占められています。

体は**（すこぶる健康でやる気に満ちている）**な状態で、人からは**（いつも元気で美しく光り輝いていますね）**とよく言われます。

私は、週のうちの**（3）**日くらい、**（すがすがしい場所）**で、**（本の執筆**

や新しい企画の話し合い）をして過ごします。

私のまわりには、**（大好きな家族や友人）**や、**（活動を一緒にしたい）**という人がいて、私は彼らの**（人柄のすばらしさや才能）**に対して**（敬意を払い、一緒にいられてうれしい）**と感じています。

私は、**（本の執筆、イベントやセミナー、旅）**という活動を通して、**（愛と創造力）**という自分の力や能力を発揮し、それに見合う**（十分な精神的&経済的な豊かさ）**という豊かさを得ています。

それは、**（自分と世界の平和を願う多くの人たち）**に、**（支持されて、共感を呼び、ぜひ子どもにも聞かせたい）**と喜ばれています。

私は、今、**（本や企画の映像化を通して生きる尊さを伝える）**という願いを叶えることができ、とても幸せです。

満たされた私の次なる夢は、**（愛と平和のメッセージをアニメ作品にして世界中で大ヒットさせる）**ということです。それを想像するだけで、**（ハイ）**な気分になり、**（おもしろそう！　生まれてきてよかった！）**と思います。

生かされていることに感謝します。ありがとうございます。

（　　年　　月　　日作成）

書き終えたら紙に手をかざし、じわっとレイキを当てながら**「預言どおりになりました。ありがとうございます」**とアファメーションしましょう。**叶いやすい預言書をつくるポイントは、自分だけの幸せを願うのではなく、それが叶うと周りの人の幸せにもつながっているようにすることです。**

また、幸せの預言書は、声を出して読み上げるとより現実化の力がアップします。その時、家族や親友など信頼できる人に聞いてもらい応援してもらうと、さらにGOOD。ほかの人が一緒にあなたの成功をイメージしてくれると、創造のエネルギーは何倍にも拡大されますよ。

なお、掲載した幸せの預言書の例は私が作成したものです。空欄に自由に書き込んで使える「幸せの預言書PDF」を読者特典にご用意しましたので、ぜひダウンロードしてお使いください（詳しくは巻末ページへ）。

「夢手帳」で宇宙に望みをオーダー！

最後に**「夢手帳」**をご紹介します。まず、罫線入りのノートを1冊用意してください。**「幸せの預言書」**が人生の大きなビジョンを叶えるのに適しているとすると、「夢手帳」は宇宙への具体的なオーダーシートのようなものです。身の回りのほしいものや旅行で行きたいところ、食べてみたいものなど、小さな願望からビッグな願望まで、自由に、遠慮なく書き出してみましょう。

❶願いをアファメーションスタイルで書き出します。
❷叶ったら、叶ったマークを入れます。
❸叶った願いは線を引いて消します。
❹叶った日付と感謝の言葉を書き込みます。

書き終わったら、ノートの上からレイキを当て、**「このノートに書いたことがすべて実現しました。ありがとうございます」**とアファメーションしましょう。願いを追加するたびにレイキ&アファメーションは忘れずに。

私の師匠は夢手帳の達人で、書いたことの99%は叶ったと言っていました。ちなみに叶わなかった1%は本当の願いではなかったそうです。

さらに、絶対に実現したいならこの方法を。**どんな願いごとも、そのことについて100個の項目を書き出すことができれば実現度は確実に高**

まります。

たとえば、パートナーがほしかったら、どんなパートナーがいいのか、相手に対する望みや、パートナーができたらしたいことなどを100個書き出すのです。

これは具体的でたいへん強力なイメージを送り出すことができますから、引き寄せの確実度が増します。

書いた通りの人が現実に現れる確率がすこぶる高くなりますよ！

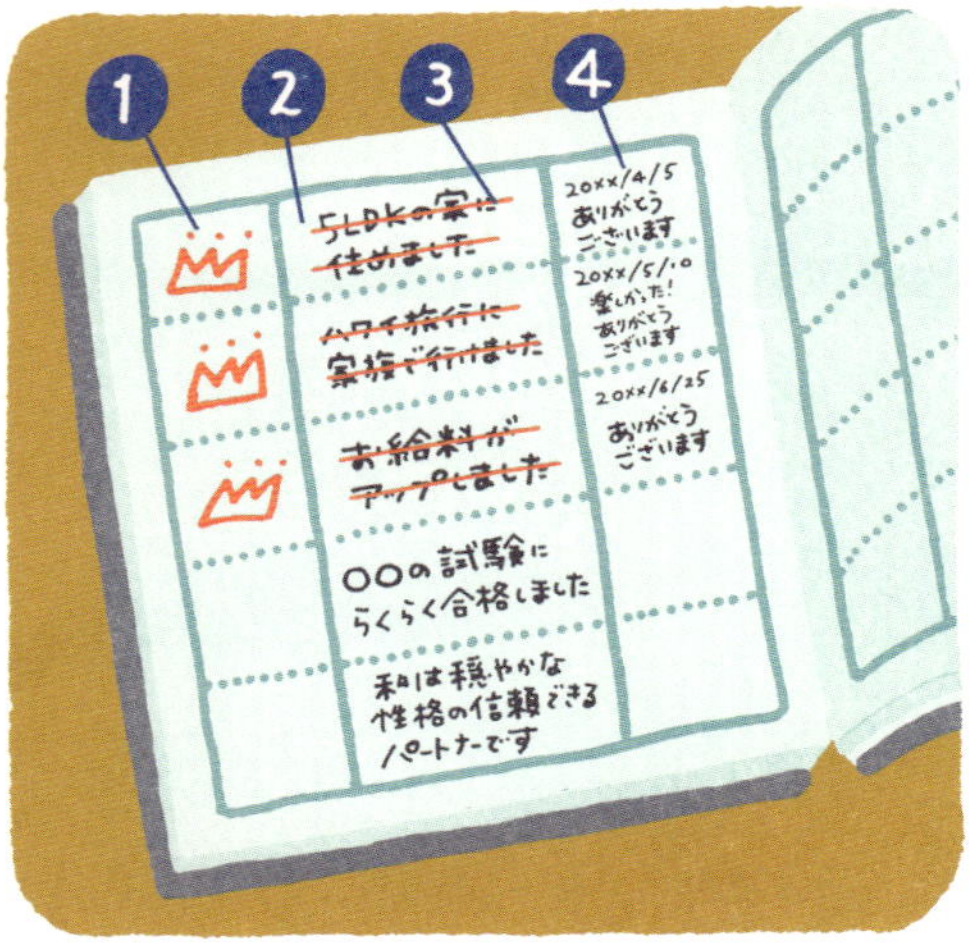

Chapter

5

レイキヒーリング体験談

レイキヒーリング
体験者 1

父親と幸福に包まれるお別れができた

松浦健さん（40代・男性）

私の父は肝臓癌と認知症で長い間入院生活が続いていました。

入院の際、主治医の先生から「肝臓癌はこれ以上はよくなりません。認知症も入院することでご家族との距離感がさらに遠退いていきます」と伝えられていました。

入院後の父とは会話のキャッチボールなどが徐々にできなくなっていきました。そんな父に毎日のように手を当て、ヒーリングしていくうちに、いつからか心の中でのつながりが深まり、なにか心の声のようなものを感じられるようになりました。会話などのやりとりはできなくなりましたが、「父がただここにいてくれるだけで本当にありがたい」との思いを強く感じ、大きな安心に包まれているような感覚がありました。父の病が治る治らないに関係なく、私たち家族はレイキを通じ、いつも穏やかに何か優しくいられました。

そんな中、父とのお別れの時がやってきました。

涙はありましたが 悲しみというより「ありがとう」や感謝の思いが家族全員の中にわきあがり、お別れではなく、父を次のステージにお見送りするような温かさで笑顔になれる時間になっていました。

レイキのヒーリングのおかげで父の最期に家族全員で最幸な時間を過ごせたと今でも思えています。

レイキヒーリング
体験者 2

弱っている内臓やカラダの不調が改善した

よしだあゆみさん（40代・女性）

8年前、矢尾こと葉さんご夫妻にレイキ伝授をしていただきました。
私は週3回透析をしてもらい命をつないでいます。透析で疲れやすかった身体と苛立ち怒りがちだった心も、レイキで気を整えたことで心身ともに快調になりました。血液検査の数値も8年間ずっと好調で「透析をしている人には見えないね」とよく言われます。

見えない気に対して敏感な私は、レイキが光のシャワーのように全身に入ってきて洗い流されることや、弱っている腎臓や他の臓器・器官も元気になることが感じられます。
レイキを始めて1年後には自宅サロンを開業、この体質で生まれてきた意味や魂の目的を思い出すこともでき、多くの人とつながって体験を分かち合える喜びと感謝が循環する毎日です。数年来の卵巣膿胞や悪性腫瘍を疑われた乳腺症もレイキで治りました。

レイキヒーリング
体験者 3

念願の仕事でサロンを開業！

大和久まさえさん（40代・女性）

私は今、大好きなレイキや占いを仕事にしてサロンを開いています。セミナー受講の際、願望実現の方法を教えていただき、家に帰って当時夢であった「レイキや占いを仕事にし、安心してできる最高の場所が手に入りました！」という願いをノートに書き込み、レイキを流しました。

その後、今まではありえなかったような出会いや出来事が立て続けに起こり、不思議な巡り合わせで今のサロンのある部屋に辿り着きました。

さらに驚いたことには、その部屋に入った時、今すぐにでもスタートできるようなイメージ通りのソファセットや棚、カーペット、照明、観葉植物までもが用意されていたのです。

好きなことを仕事にすることに多くの不安がありましたが、「やっていいんだよ」という答えをそこでもらえたように感じ、仕事としてスタートする勇気をもらいました。

レイキヒーリング体験者 4

ジャッジする自分が変わった

吉武みさおさん（50代・女性）

思えば、物心ついたときから、私は常にジャッジしていました。私が悪いのか、間違っているのか……神様教えてください、といつも心の中で問いかけていたのです。人の心というものを知りたいという思いで心理学や

占いを学び、カウンセリングを仕事にしましたが、そこでもよいか悪いかのジャッジを求められ、私もまたそこから抜けきれずにいました。

そんなときにレイキに出会い、レイキを伝授してもらいました。それは本当の自分を知るスタートでした。レイキで自分自身が癒されると周囲も変わっていき、自分自身を許すと周囲の人も許せるようになり、自分を愛せると人も愛せるように。

ジャッジする癖や執着が少なくなり、大嫌いだった人や辛辣な言葉をかけられた人へ抱いていた憎しみが知らぬ間に消滅し、いつの間にか、感謝の対象になっていることすらあるのです。

今、レイキティーチャーとして、ヒーラーさんたちが困難や悩みに自分自身で向き合い、素敵に変化する姿に感動の日々を送っています。

レイキヒーリング
体験者 5

「幸せの預言書」は効果絶大！

酒井雅子さん（50代・女性）

矢尾さんに「レイキ」を伝授していただいて以来、ミラクルの連続でした。長年悩まされた花粉症が治り、人の目を気にする性格がうそのように前向きになり、激務の仕事も一人で抱えこまなくなったことで大変楽になりました。さらには、両親や子どもとの関係も良好になり、レイキが大好きで、とうとうレイキティーチャーとなったぐらい。

そんな私が、今一番オススメなのは、びっくりするほど夢が叶う「幸せの預言書」ワークです。預言書を書いてレイキをかけて1年後に、「15キロのダイエットに成功」「月1回はホテルでゆったり過ごす」「レイキをたくさんの方にお伝えする」など書いた夢がすべて叶いました。一緒に書いた仲間も、仕事で大成功を収めたり、素敵なパートナーと出会ったりと、効果絶大です。わたしのお客様にも書いていただいたところ、「大きな仕事が入りました」「リフォームが叶いました」と続々と嬉しいご報告をいただいています。書いた預言書を、夢を応援し合える人と分かち合うと、さらに楽しく夢の実現が加速します。ぜひおためしください。

レイキヒーリング
体験者 6

人間関係の悩みもレイキで解消

奥野桜子さん（40代・女性）

私がレイキに出会ったのは7年前のことでした。当時の私は夫婦関係や親子関係など、あらゆる人間関係に悩んでおり、人生のどん底に感じていました。また、人と関わると疲れやすい体質も悩みでした。

レイキを伝授していただき、自己ヒーリングを続けるうちに、自分のオーラが守られることを感じ、人との境界線も上手に引けるようになりました。問題となっていた人間関係も3年かけてすべて好転していきました。

当時はパートをしていたのですが、後押しをいただくようになり、カウンセラーとしての活動を始められることにもなり、予想もしない人生にすっかり変わってしまいました。いろんな学びも重ねましたが、レイキは私の根っこの部分にしっかりと根付いています。今でもあらゆる場面で活用させていただいております。

Chapter

6

付録CDの聴き方

愛と感謝の元に作曲された音楽のマスターCDには150人を超えるレイキヒーラーによるレイキが込められています。聴くだけでも音楽に乗ってレイキの波動が伝わります。

本書のCDに収録された曲は、各章の内容に準じています。対応する曲を聴きながら、各章に書かれているレイキの方法を実践してみると、より効果を発揮します。要点とおすすめの聴き方、注意点などをお伝えしましょう。

♪トラック1 センタリング
♪トラック2 グラウンディング

【気を付けたいこと】姿勢・イメージ

【聴く時間帯】ヒーリングを行う前、でかける前など

この2つは、レイキヒーリングを行う前にパイプとして自分を整える準備体操のような役割をしています。セットで聴くとよいでしょう。

目を閉じて、静かな場所で落ち着いて座ります。椅子でも、床でもかまいません。その時、座骨から頭のてっぺんまで一直線になるように姿勢を

正します。丹田に手を当て、センタリングは宇宙とつながるイメージを。グラウンディングは、下半身から木の根を下ろし、地球の奥まで吸い込まれるようなイメージを。その流れで、レイキハンドをつくりましょう（詳細は16～21ページ）。

自分が天と地とつながり、宇宙とひとつになった感覚が得られれば、曲の途中で終えてもかまいません。天と地につながる感覚を覚えてしまえば、センタリングとグラウンディングはどこでも、イメージでするだけで瞬時にできるようにもなります。忙しい朝でも、歯磨きしながらできるようになれば、時短にもなりますね。

センタリング、グラウンディングの感覚がなかなかつかめないという人、どちらかが苦手という人も、この音楽が助けになってくれるでしょう。感覚がつかみにくいほうを繰り返し聴くとよいでしょう。

●おすすめの聴き方

朝、この2曲をＢＧＭのように流しておくと、一日のはじまりにふさわしい活力がわいてきます。外出前に聴くことで、ポジティブなオーラを放つようになると、ポジティブなことを引き寄せやすく、ネガティブなことは引き寄せにくくする効果もあります。

♪トラック3 心の浄化

【気を付けたいこと】感情は抑えずに吐き出す
【聴く時間帯】いつでもOK（運転時は避ける）、部屋に流す

悩みや心配事がある時、心がざわざわと落ち着かない時やショックなことがあった時は、優しいこの曲を聴きながら、ハートを癒すヒーリングをしましょう。

目を閉じて、胸の中央（ハートチャクラ）にレイキハンドを当てます。両手でも、片手でもかまいません。宇宙の優しく温かいエネルギーがハートに流れていくイメージをしながら、呼吸を繰り返しましょう。音楽は、気持ちが落ち着いてくるまで、何度でもリピートしてかまいません。

ハートのヒーリングをしている時、抑えきれない感情がわいてきて涙があふれたり、過去のいやな経験を思い出したりすることがあるかもしれません。その時は、その感情を抑え込んだりせず、口に出して吐き出すようにしましょう。紙に書き出してもOKです。

どんなことを思っていても大丈夫ですから、ゴミ出しをしているような感覚で、出てくる感情はすべて出しきってしまいましょう。浄化の後は、宇宙のメッセージが入りやすくなりますよ。

●おすすめの聴き方

外出先でいやなことがあった時など、その感情を家まで引きずりたくないと思ったら、ポータブルプレーヤーなどでこの曲を聴き、胸に手を当てヒーリングしながら帰りましょう。ＢＧＭとしても場を浄化します。

♪トラック4 身体の浄化

【気を付けたいこと】水を多めに飲み、よく眠る
【聴く時間帯】いつでもＯＫ（運転時は避ける）

体の不調をヒーリングする時は、適度に暖かい部屋で行うようにしましょう。半身浴をしながら、眠る前のお布団の中でなど、温かくリラックスできる場所もおすすめです。

音楽を聴きながら、不調を感じる部分やその場所に近いチャクラに手を

当て、呼吸を繰り返しましょう。自分の体に「ありがとう」と感謝の気持ちを送ってみると、頑張りすぎていたことや体を酷使していたことに気づくこともあります。体に手を当てながら、体の細胞のひとつひとつがニコニコと笑っているイメージをしてみたり、「私は健康そのものです」など、アファメーションを唱えてみたりすると、深くリラックスできます（詳細は48〜50ページ）。

体のヒーリングの後は、普段より多めに水や白湯《さゆ》を飲み、早めに就寝を。ヒーリングによって循環がよくなっていますので、水の力で一層浄化がスムーズになります。

ヒーリングをすると眠くなる人がとても多いのですが、それは心も体も疲れている証拠です。レイキによって強制的に寝かされてしまうということもあります。そういう時は、あらがわずに寝てしまってください。レイキを使いはじめてから、入眠剤やアルコールがなくても眠れるようになった方は大勢います。

●好転反応について

喉の痛いところに手を当ててヒーリングしているとき、咳がゴホゴホ出てくるなど、ヒーリング中やヒーリング後に不調があらわれた場合は、毒出しであり、浄化のプロセスであることがほとんどです。できるだけ出してしまったほうがいいのですが、苦しくて仕方ないほど我慢したり、つらいのにヒーリングをし続けたりしないようにしましょう。心地よい範囲で行うのがベストです。

また、ヒーリングをしてもなかなかよくならない、数週間も不調が長引く場合は、体の異変や他に気づいてほしいメッセージが隠れている場合もあります。自己判断に頼らず、医師に相談することも大切です。

♪トラック5 願望実現

【気を付けたいこと】笑顔で行う
【聴く時間帯】いつでもよいが、朝や寝る前がおすすめ

目を閉じて、映画を見るようにスクリーンを思い浮かべます。そのスクリーンになりたい自分を思い描きます。笑顔で行うことを忘れないようにしてください。笑顔を作っていると、うれしい感情になりやすいからです。

最後に「おかげさまで、〇〇〇が叶いました。ありがとうございます」な

ど、叶った喜びを先取りしたアファメーションをしましょう（詳細は56～59ページ）。

このイメージは、すればするほど現実化が早くなります。たくさんの願望をスクリーンに映し出し、ムフフフという感じで楽しんでみましょう。

●おすすめの聴き方

寝る前のリラックスタイムに音楽をかけ、そのままお布団に入り、イメージ&アファメーションをして眠りにつけたら最高です。寝入りばなは、すーっと潜在意識にそのイメージを届けてくれます。

♪トラック6 霊的な存在とのコンタクト

【気を付けたいこと】頼りにしすぎない

【聴く時間帯】早朝や神聖な時間を持ちたい時

この曲は本書の解説には対応していませんが、霊的な存在とのコンタクトを試みる特別トラックとして収録しました。

自分自身を見守ってくれている高次元の存在（スピリチュアルガイド）

やご先祖さまは私たちをよい方向へ導いてくれるありがたい存在です。彼らの存在を感じたい時は、この曲を聴きながら、メッセージを受け取ってみましょう。落ち着ける場所で、リラックスして行います。カフェなどでもかまいません。

1冊ノートを用意します。音楽を聴きながら、宇宙やスピリチュアルガイドに呼びかけます。質問を投げかけて答えをもらったり、浮かんできたメッセージや、会話のやりとりを書いてみたりすると、自分からはふだん出てこない言葉が出てきます。それが、気づきや成長のヒントになるのです。

スピリチュアルガイドさんへ、宇宙さんへ、ご先祖の○○さんへというふうに手紙を書いてみるのもおすすめです。「今私は、○○をしていて、これからは○○ことをしてみたいと思っています。どうしたらうまくいきますか？」など。自分が手紙を書いた後は、高次元の存在から、自分への返信を書いてみましょう。なかなかおもしろい感動体験になりますよ。「私は大丈夫なんだ」という絶対的な安心感を得ることができます。

●おすすめの聴き方

書くことが苦手な人は、音楽を聴きながら胸の真ん中に手を当てて、そばに来てくれる彼らを感じてみましょう。高次元の存在は右肩近くのオーラの中に、ご先祖さまは左肩近くのオーラの中に入ってきやすいと言われています。「そこに来ている」とイメージすると、光のビジョンが見えたり、ご先祖の笑顔が浮かんだりするかもしれません。穏やかで優しい気持ちになったり、落ち着いてきたらつながっている証拠です。これを行うと、シンクロニシティや気づきのサインが増え、物事が好転しやすくなります。

ただし、高次元の存在や、ご先祖さまにすがるような気持ちが強い時は、この聴き方はすすめません。「誰でもいいから助けてほしい」と、不安定な心理状態にある時は、同じく不安定なエネルギーを引き寄せてしまいかねないためです。そういう時は、センタリングとグラウンディングを行い、不安定さを引き起こしている感情を見つめ、ハートのヒーリングを行うなどステップを踏んでから、聴くようにしましょう。

♪ 読者特典

ボーナストラック

【気を付けたいこと】感情を揺さぶられたら涙を我慢しない

【聴く時間帯】帰宅後や疲れをとりたいとき

この曲は本書の購入者限定のダウンロード特典音源です（ダウンロード方法は巻末ページをご覧ください）。感情の浄化や女性性の解放にぴったりの曲です。聴いていて気分がよかったり、リラックスできたりするようでしたら、ＢＧＭとして部屋に流しておいてもよいでしょう。空間の浄化にもなりますので、ヒーリングセッションやサロンワークをされている方にもおすすめです。

●おすすめの聴き方

大ボリュームにして、誰にも言えなかったことを告白したり、愚痴を言ったりするとスッキリします。

再生ボリュームについて

音が大きいほど効果があるわけではなく、自分が心地よく感じるボリュームが最も適切です。心地よさを大切にしましょう。

場を浄化する目的で部屋に流すのであれば、聴きとれないほどかすかな音量でもレイキの効果はあります。

他の人をヒーリングする時

本書のＣＤを聴きながら、他の人をヒーリングすることももちろん可能です。その時は、センタリングとグラウンディングを行い、レイキハンドをつくって準備をしておきましょう。

レイキを専門に学んだレイキヒーラーであれば、シンボルやマントラを使って他の人をヒーリングしていきますが、そこまで本格的に学んでいない方は、「ありがとうございます」という感謝や、いたわり、ねぎらいの気持ちを持って、深い呼吸をしながら手を当てるようにします。

相手の方の希望に合わせて、感情を癒すハートのヒーリング、不調を癒す体へのヒーリングを行う際、それぞれに対応する曲を心地よい音量でかけるとよいでしょう。

他の人にヒーリングをする際は、美しく、リラックスした姿勢をキープするようにします。ヒーラーはあくまで天と地をつなぐパイプの役目ですから、姿勢に無理があると、そこで詰まりや滞りができてしまうのです。心地よく、リラックスして手を当てていられるポジションを細かく探しましょう。

また、ヒーリングしている最中、パイプであるヒーラーにはどんどん宇宙のエネルギーが流れ込んでいますから、通常は気分がよくなり、元気になってくるものです。自分が疲れてきたら、姿勢などに問題はないか確認してみましょう。

人が人に触れる「手当て」は、北欧などではタッチケアと呼ばれて医療としても盛んに行われています。人の肌と肌が触れ合うと、脳内に幸福ホルモンと呼ばれるオキシトシンが分泌されます。オキシトシンは痛みを和らげる効果や、認知症を改善させるという研究結果もあるそうです。人の肌に触れるというのは、それだけ人間によい効果があるということですね。

また、人は生まれてきた瞬間から人に触られて育ちますから、人肌の安心感というものを本能的に覚えています。その安心感はリラックスにつながり、リラックスは治癒につながるのです。

レイキを使ったヒーリングタイム。恋人や家族の間で行えば、愛情が深まりあい、お互いにとって素敵な時間になりますよ！

CDを取り扱う際の注意
ご使用前に必ずお読みください。

- 本来の目的以外の使い方はしないでください。
- 必ず音楽CDに対応するプレーヤーで再生してください。
- 直射日光の当たる場所や高温多湿の場所での保管は避けてください。
- ディスクは両面とも、指紋やキズや汚れなどがつかないように注意してください。
- ディスクは両面とも、ペン類で文字を書いたり、シールを貼ったり、接着剤をつけたりしないでください。汚れが付いたら、柔らかい布で軽くふきとってください。
- 安全のため、破損したディスクは絶対に使用しないでください。
- ディスクは幼児の手の届かないところに保管してください。
- ごくまれに、一部のプレーヤーで再生できない場合があります。音楽CDに対応したCD-ROMドライブ、DVD-ROMドライブ搭載のパソコンなどでの使用する際、機器によってディスクを再生できない場合があります。また、OSや再生ソフト、マシンスペック等により再生できないことがあります。詳しくは各プレーヤー、パソコン、ソフトウェアのメーカにお問い合わせください。

“このCDを聴く人の真の願いがすべて叶います。ありがとうございます”

この本の付録CDのために、150名のレイキヒーラーが集まり、CDにレイキを込めました。私と夫が主宰するレイキスクールの関係者さんたちです。

愛のご協力をありがとうございます！

直接足を運んで参加した人、遠隔ヒーリングで参加した人、全員が、聴く人の幸せと音の波動が響き渡る土地や場所の平安と繁栄を祈って、CDへのレイキヒーリングを行いました。

ヒーリング中は、圧倒的な慈愛の力に包まれ、涙が止まらなかったという方も。あなたに常に宇宙の恩恵がありますように。

矢尾こと葉・矢尾寛明

～CDにレイキを込めよう♪企画ご協力者さま～
Special Thanks!

相澤ひとみ
青木優弥
朱鳥京
足立靖子
足立由美
荒井理絵
飯島尚子
飯島亮
飯島和佳子
井内菜摘
池内えりか
池田香子
石垣綾
いしやまひろみ
伊藤りつこ
稲葉愛子
井上真里
入山美香
上谷美幸樹
うさぎひめ
内田千鶴
遠藤庸子
大平こずえ
大村玲子
大和久まさえ
岡田真紀
奥田裕之
奥田みさよ
梶原侑菜
梶原佳美
風野里香
片山由紀子
門野恵子
金井千鶴
鎌田真奈美
かわちゃん
河元仁美
神田尚子
北見由美
城戸久子
きよら～ぜ
楠本美智代
國行由里江
くまいどはなえ
久米道子
栗山光佳
コーニー
小林則子
小南美保
齊藤智子
坂井田典江
酒井雅子
坂本かおり
さくちゃん
さこ
佐藤優子
佐山曜子
紗良
篠原ともみ
杉原豊
筋野真由美
鈴木美香
鈴木めぐみ
五月女直子
そらのさち
妙ちゃん
貴子
たかはしこと実
高橋未知世
田口知佐子
竹之内順子
たこさん
たじまちえこ
田邊直美
谷端光博
種まきあやこ
玉井資郎
ちゅん
鶴田由紀
てんてん
戸賀方子
冨田恵理子
永石恵美子
中村庸子
中山玲
難波由己
西滝ゆかり
西塚雅子
西村恵美子
野島千津子
能勢環江
信岡由紀子
信岡亜紀子
日髙寿美佳
瞳
ぴょこたん
廣末さおり
ヒロミ
福井千秋
福島麻由美
藤山結唯
ふみえ
ぷりあんな みなみ
堀恵美子
ポン娘
まさみ
真奈美
未来悟朗
水越由紀
水穂
宮越博子
みやざわけいこ
宮本喜美代
ミラクルけいこ
村上陽美
村瀬朋子
めぐみ8787
元木美保理
森ひろこ
森陽子
矢尾寛明
やまうちようこ
山下智子
山本光世
ゆかこ
ゆきち
雪月天意
ゆみ
結海
夢野莉羅
横森晴美
よしだあゆみ
吉武みさお
よっちゃん
りえ
りかママ
ルミニカRie
レイキギタリストKEN
和樺すず
若林日出子
渡辺靖子
BAN
ERI
Hide
hiLo
MiKi
miu.h
sarahちゃん
SORA
Yukki

（五十音順・敬称略）

矢尾こと葉（やお・ことは）

レイキカウンセラー®、エッセイスト。

夫の矢尾寛明とともに、たましいの発芽を応援する「発芽＊レイキアカデミー」を主宰。

ライトでポップなレイキスクールとして、2500人を超える愛と感謝のレイキヒーラーを輩出。東京と大阪を拠点とし、全国への出張セミナーやヒーリングイベント等を行っている。

結婚後に、謎の体調不良からスピリチュアルな世界や自然療法に導かれ、日本発祥の手当て療法であるレイキ（霊気）と出合って宇宙の愛を知り、人生観が変わる。

レイキ伝授後は人生が激変し、作家となる夢が叶い、独立。

趣味はカフェめぐり。リネン好き。

“人の心に光を当てる”言葉による社会貢献にコミットしている。

主な著書に『レイキで心と体を浄化する本』『はじめてチャクラの本 CDつき』（ともに永岡書店）、『自分を浄化する方法』（かんき出版）、『頭の休ませ方』（中経出版）、『ダメな自分の魅力の見つけ方』（きこ書房）ほか多数。

矢尾こと葉 ブログ
http://plaza.rakuten.co.jp/writer/

発芽＊レイキアカデミー HP
http://www.hatsuga-reiki.jp/

音楽
resonances in silence

北米とヨーロッパ、2つの大陸で活躍したサウンドクリエイター2名によるユニット。「自然界から受けるインスピレーションを、そのまま“共鳴/調和”させる音楽」をコンセプトに、心の底まで響きわたるメロディ、ハーモニーを追及。幼少より様々な楽器に親しみ、多くの音楽を経験してきた2人が紡ぎ出す、深遠でピュアな楽曲は映画音楽、コマーシャルなどにも採用される。

演奏のみならず、録音にも深いこだわりを持ち、人間の可聴帯域外に含まれる「音」にも注目。全ての楽曲は、最新のテクノロジーを駆使した特別な録音方式を用いて収録されている。ひとつひとつの楽器から生まれる波動、それらの波動が組み合わさって生まれる複雑な響きは、言葉では決して表すことのできない「メッセージ」をリスナーに届けることが可能である。

聴くだけで心と体が整う
レイキヒーリングCDブック

2017年 3月 1日 初版発行
2023年 11月 26日 3刷発行

著者 矢尾こと葉
発行者 太田 宏
発行所 フォレスト出版株式会社
〒162-0824 東京都新宿区揚場町2-18 白宝ビル7F
電話 03-5229-5750（営業）
03-5229-5757（編集）
URL http://www.forestpub.co.jp

印刷・製本 日経印刷株式会社

ISBN978-4-89451-750-9
Printed in Japan

『聴くだけで心と体が整うレイキヒーリングCDブック』

FREE

購入者限定
特別プレゼント

ここでしか手に入らない貴重なコンテンツです。

【 特典1 】

感情を浄化して
女性性を解放する
ボーナストラック

(聴き方など詳しくは本書82ページ参照)

【 特典2 】

空欄を埋めるだけで願望が実現する
幸せの預言書PDF

をプレゼント!

この特典は本書をご購入いただいた読者限定です。

※音声ファイル・PDFファイルはweb上で公開するものであり、
CD・DVD・冊子などをお送りするものではありません。

※上記特別プレゼントのご提供は予告なく終了となる場合がございます。あらかじめご了承ください。

購入者限定特別プレゼントを入手するにはこちらへアクセスしてください

http://frstp.jp/reiki